NOTRE-DAME DE SAINTE-CROIX

DU MANS

1835 — 1869

SOUVENIRS D'ANTAN

Ad perpetuam rei memoriam.

INSTITUTION DE NOTRE-DAME DE SAINTE-CROIX

DU MANS (Sarthe)

LE MANS — IMP. CH. BLANCHET, 6, RUE GAMBETTA — 7404

NOTRE-DAME DE SAINTE-CROIX

DU MANS

1835 — 1869

SOUVENIRS D'ANTAN

Ad perpetuam rei memoriam.

INSTITUTION DE NOTRE-DAME DE SAINTE-CROIX

DU MANS (Sarthe)

RÉUNION AMICALE

ANCIENS ÉLÈVES DU COLLÈGE DE SAINTE-CROIX

Du 25 Mars 1897

Elle n'était pas banale cette soirée du jeudi 25 mars 1897, où, dans le vaste hall du *Grand-Hôtel de la Boule-d'Or*, au Mans, se trouvaient réunis d'anciens camarades du Collège primitif de Notre-Dame de Sainte-Croix, dont la plupart ne s'étaient jamais revus depuis 35 ou 40 années.

Vers 1853, les élèves de Sainte-Croix, recrutés dans tous les départements de l'Ouest, frappés des difficultés qu'ils éprouvaient à se rencontrer après leur sortie de pension et à renouer leurs liens d'amitié, fondèrent une Association fraternelle dans le but d'établir un centre de relations et de venir en aide à ceux d'entre eux que l'adversité aurait atteints.

La Société avait ses statuts, son fonds social fourni par des cotisations annuelles ; elle se réunissait, chaque année, le 5 juillet, au Collège même.

Elle fut une des premières sociétés de ce genre, établies dans la contrée. Elle prospéra d'années en années jusqu'au jour où, vers 1867, elle fut entraînée dans la chute imminente de Sainte-Croix.

A partir de ce moment, aucune occasion ne fut offerte aux anciens élèves de se retrouver en groupe. Peu après, le collège disparut, les maîtres et les élèves se dispersèrent.

Cependant, depuis quelques années, plusieurs camarades, habitant Le Mans et les environs, caressaient le projet, sinon de reconstituer une Société semblable à la première, du moins de provoquer une petite réunion intime.

Le projet, longtemps en suspens, prit corps au commencement de cette année, et, avec l'espoir que l'appel serait entendu, il fut mis à exécution par l'envoi timide d'une cinquantaine de lettres d'invitation.

C'est ainsi que le jeudi 25 mars, les promoteurs du projet sont au rendez-vous, à 6 heures précises, dans un des salons du *Grand-Hôtel,* attendant leurs invités.

Peu à peu ceux-ci arrivent. Les présentations ont lieu et sont suivies d'effusions bien naturelles. Plusieurs sont obligés de se faire reconnaitre : l'âge mûr, les travaux, les soucis de la vie ont enlevé le cachet et la fraicheur de la jeunesse ; on s'était connu dans la fleur du bel âge et on se revoit aujourd'hui des hommes de cinquante et quelques années.

De chaudes poignées de mains sont échangées ; et, sous le charme du premier accueil l'intimité d'autrefois renait vite.

Dix-sept camarades ont répondu à l'appel, ce sont :

MM.

Auguste TROUSSARD, propriétaire au Mans.

Camille ROBIN, propriétaire au Mans.

Isidore ROUILLIÉ, sous-chef de gare intérimaire au Mans.

Emile DELABROUSSE, notaire et maire à Clermont (Sarthe).

Edmond PINGUET, conducteur principal des ponts-et-chaussées au Mans.

Victor HUTREL, entrepreneur de transports, administrateur de la Banque de France, ancien juge du Tribunal de commerce, ancien membre de la Chambre de commerce du Mans.

Albert D'HUY, horloger-bijoutier à Angers.

Edouard LEDRU, propriétaire au Mans.

Etienne LAFFAY, négociant à Angers.

Louis DEFAS, négociant au Mans.

Charles DEFAS, négociant au Mans.

Sevère MARTIN, ancien notaire à Authon (Eure-et-Loir).

Gustave APPERT, négociant au Mans.

Marie BOULEAU, négociant à Mayenne.

Alphonse DROUIN, docteur-médecin, chirurgien des Hospices du Mans.

Albert DROUIN, propriétaire au Mans.

Emilien DUVAL, négociant à Verneil-le-Chétif (Sarthe).

M. Emile DELABROUSSE, un des organisateurs, chargé, avec M. Louis DEFAS, de centraliser la correspondance, donne lecture des lettres adressées par quinze invités.

Ces lettres sont de :

MM.

Marie-Auguste LEROY, frère Joséphite, professeur à Sainte-Croix, de Neuilly, près Paris.

Félix DAVID, ancien greffier de paix, propriétaire au Mans.

Adolphe POIDEVIN, propriétaire à Sablé.

Anatole DOREAU, président du Tribunal civil à Segré.

Henri BERGAULT, négociant à Châteauroux.

Jacques BOURRIOUX, docteur en philosophie, agrégé de l'Université, professeur au Lycée Janson de Sailly à Paris, officier de l'Instruction publique.

Jules FOUCAULT, propriétaire à Flers (Orne).

Joseph COUTELLE, propriétaire et maire à Parennes (Sarthe).

Gabriel LEGUÉ, docteur-médecin à Paris, rédacteur au *Journal*.

Samuel D'ELBENNE, propriétaire à Beillé (Sarthe).

MM.

Edouard Bion, greffier au Tribunal civil à Mamers.
Adolphe de Graslin, propriétaire au Mans.
Lucien Marchand, clerc de notaire au Lude (Sarthe).
Gaston Bonnery, capitaine au 6e cuirassiers à Tours.
Victor Guesdon, négociant au Mans.

Se sont en outre excusés de vive voix :

MM.

Arsène Drouelle, négociant à Paris.
Julien Manceau, pharmacien au Mans.
Arthur Reboursier, sculpteur au Mans.

Dans leurs réponses affectueuses, les camarades approuvent hautement le projet de réunion ; ils s'excusent de ne pouvoir venir cette année ; ils expriment leurs regrets et promettent leur présence l'année prochaine.

L'heure du banquet a sonné : on passe dans le hall de l'hôtel, décoré de fleurs et où un lustre et deux foyers électriques jettent une lumière éblouissante. Autour d'une table servie avec luxe et confort, se rangent les amis, sous la présidence de M. Troussard, doyen d'âge.

Le maître d'hôtel remet alors à M. Delabrousse un pli cacheté, reçu dans la journée avec ordre exprès de ne l'ouvrir qu'au début du repas.

Cette missive, décachetée aussitôt, est du frère Marie-Auguste, ancien condisciple qui, déjà, s'est excusé de ne pouvoir assister à la réunion. Elle est ainsi conçue :

Mes chers Amis,

Mes yeux ne contemplent pas le ravissant spectacle que doit présenter la charmante couronne d'anciens camarades, d'anciens élèves réunis aujourd'hui autour du Comité et du sympathique ami de tous, M. Emile Delabrousse.

Mais, mon cœur est ici pour unir ses sentiments d'amitié et de véritable affection aux sentiments qui animent les heureux convives, les survivants de notre chère et regrettée maison de Sainte-Croix du Mans.

Leurs vœux et leurs désirs sont les miens et je prie Dieu de bénir tous ceux qui sont ici présents, leurs familles, leurs enfants, leurs intérêts et de les conduire doucement, à travers les difficultés de la vie, à une vieillesse heureuse, honorable et honorée.

Ayons une pensée commune et une prière pour le T. R. P. Moreau, pour nos maîtres et pour nos camarades décédés.

Une vive émotion suit la lecture de cette lettre si pleine de cœur, si touchante ; on félicite le cher ami et il est décidé qu'un télégramme lui sera adressé en échange de sa délicate attention.

Sur de tels auspices l'intimité s'accroit, la plus franche gaîté anime le repas. Les amis s'interrogent tour à tour sur les événements qui ont marqué leur existence, sur leur position, sur leur famille. Chacun parle des camarades qu'il a pu revoir, de ceux que la mort a fauchés, jeunes encore. Hélas! ils sont nombreux, trop nombreux.

L'un a été enlevé par une terrible maladie; l'autre est mort subitement; ceux-ci sont tombés au champ d'honneur sous des balles ennemies.

On cite des noms : Paul Briau, Georges de Villiers, Charles Daget, Aimé Drouet, Maurice Jousset, Charles Trillon, Ferdinand Marie, Joseph Reboursier, Julien Leroy, Auguste et Georges Lasne, Joseph Peyrin, Julien Bonhommet, Gabriel et Georges de la Porte, Léon Granger, Auguste Gautier, Charles Viemont, Paul Dugas, Emmanuel Potry, Auguste Guillouard, Raoul Bonnery, Albert Moreau, Georges de Vanssay, Ambroise Dumésnil, François Fléchin, Louis Lecamus, René et Roger de Montécler, Edgard Bardet, René de Tillière, Émile Alain, Auguste Rattier, Gabriel Delaunay, Auguste Diard, Edmond Royer, Emile Corbeau, Emile Foussard, Anselme Lehoux, etc., etc.

Combien d'autres dont on ignore le sort?

A tous ces chers défunts des marques sincères de regrets sont accordées.

Le menu du maitre d'hôtel est réussi, chacun y fait honneur et insensiblement arrive le moment des toasts.

M. Auguste TROUSSARD se lève. Il prononce l'allocution suivante :

> Mes chers Camarades,
>
> Je n'ai point l'intention de prononcer un discours. Non, vraiment, j'en suis incapable. Cependant, je dois vous remercier de m'avoir choisi pour présider cette réunion. Hélas! mes 58 ans en sont la cause.
>
> Je crois être l'interprète de tous en adressant nos remerciements aux organisateurs de cette fête de famille MM. Emile Delabrousse et Louis Defas.
>
> Je dois aussi adresser un respectueux hommage à la mémoire du vénérable et T. R. P. Moreau, notre ancien supérieur, et à celle de nos anciens professeurs décédés, un hommage tout particulier et nos vifs regrets à la mémoire de ceux des anciens élèves décédés et spécialement de ceux qui sont morts pour la patrie pendant la guerre néfaste de 1870-1871.
>
> Enfin, mes chers camarades, je lève mon verre à la santé du R. P. Charles Moreau, notre ancien préfet des études, des anciens professeurs encore vivants, du très aimable frère Marie-Auguste et à vous tous, mes amis, qui avez adhéré à la formation de cette fête et avez bien voulu l'inaugurer en l'honorant de votre présence.

L'improvisation de l'ami Troussard est fort goûtée, chacun le complimente et s'unit aux sentiments qu'il a exprimés.

M. Émile DELABROUSSE prend la parole à son tour.

Il remercie d'abord le président des félicitations adressées aux organisateurs et il propose de voter des remerciements à ceux qui, en adressant leur adhésion au projet, n'ont pu, par des motifs divers, prendre part à la soirée.

Puis il continue en ces termes :

Il serait vraiment bien extraordinaire qu'en cette cordiale réunion les premières paroles prononcées ne fussent pas un légitime souvenir rendu à ce cher collège de Sainte-Croix du Mans, au vénérable et bien aimé supérieur et aux maîtres dévoués de notre enfance.

Après les lieux où nous avons reçu le jour il n'en est pas, je crois, qui rappellent au cœur de plus délicieux moments que ceux qui ont été les témoins de nos premiers ébats, de nos premiers labeurs, de nos premiers succès.

Aussi, se remémorer ces temps heureux de notre jeunesse n'est-ce pas revivre déjà loin en arrière, n'est-ce pas jeter dans l'âme un baume de douce et véritable joie?

Permettez-moi donc, mes chers camarades et amis, vous, surtout, qui depuis 30, 35 et même 40 années avez quitté la pension et ne vous êtes probablement jamais revus, de rappeler ce que fût notre regretté collège, naguère si florissant, comment il sombra dans une catastrophe sans issue, quelques mois à peine avant l'affreuse tourmente de 1870 où notre belle patrie faillit être engloutie aussi malgré le dévouement, les traits d'héroïsme et le sacrifice des meilleurs de ses fils.

Pour éviter des écarts de mémoire j'ai pris la peine de consigner quelques faits par écrit. Peut-être vais-je abuser, en les lisant, de votre attention, tant ces souvenirs d'antan se choquent nombreux dans ma mémoire.

Votre attachement à notre vieux collège, l'intimité qui règne ici, l'attente que je lis dans vos yeux me sont un encouragement.

L'histoire de l'œuvre de Notre-Dame de Sainte-Croix du Mans et de son saint fondateur doit se diviser en trois périodes distinctes :

Celle de la fondation et de l'expansion.

Celle des succès et du triomphe.

Enfin celle du déclin et de la chute.

N'est-ce pas, au surplus, la marche et le destin de tant d'œuvres sur terre? A combien d'œuvres la période du succès n'a-t-elle pas fait défaut et combien ont sombré sans avoir connu la joie d'un triomphe? Tel n'est pas le cas de notre cher Sainte-Croix.

La première période s'écoule de 1835 à 1850.

En 1835, M. l'abbé Bazile-Antoine-Marie Moreau, né à Laigné-en Belin (Sarthe), le 11 février 1799, professeur de théologie et sous-supérieur au Grand-Séminaire, orateur remarquable, est choisi par Mgr Bouvier, l'illustre évêque du Mans, pour régénérer l'institut presque éteint, des frères de Saint-Joseph, fondé, plusieurs années avant, par M. l'abbé Dujarié, curé de Ruillé-sur-Loir.

Prêtre vaillant, esclave de son devoir, M. l'abbé Moreau accepte avec joie la charge qui lui est imposée. Plein de confiance en la divine Providence, soutenu par la belle devise qu'il a adoptée : *Crux, spes unica*, il marche de suite de l'avant et transfère le siège de la Maison-Mère, au Mans, près du lieu de l'Eventail, dans une propriété qui lui est donnée par M. l'abbé Delisle, premier bienfaiteur de l'œuvre.

Une chétive maison et quelques dépendances en sont d'abord le seul abri. Il y annexe peu après de modestes bâtiments que vous avez connus encore, mais restaurés et agrandis, occupés par les frères et par les sœurs.

Le but de l'œuvre n'était alors que l'instruction primaire à donner aux enfants du peuple.

Animé d'un souffle divin, d'une ardeur sans pareille, l'abbé Moreau ne croit pas que sa tâche doive s'arrêter à ce but; il vise un édifice plus élevé et surtout plus complet; il lui faut de nouveaux collaborateurs afin d'étendre les rameaux de sa divine et vaste conception.

Il recrute, à cet effet, des prêtres distingués, ses anciens élèves au Grand-Séminaire, que son zèle enflamme; il les soumet à des règles sévères et il jette, avec ce nouvel élément, les bases d'un établissement secondaire.

Les élèves ne font pas défaut; quelques années passées, ils sont en nombre. Les bâtiments primitifs deviennent insuffisants. On voit alors surgir de terre, comme par enchantement, le grand bâtiment de l'horloge à deux étages et les constructions à un étage qui entourent les cours et où sont installées les études et les nombreuses classes.

Bientôt apparaissent aussi les assises d'un temple imposant.

Sans souci des tracas, des déboires, qu'entraîne toujours le commencement d'une œuvre pareille, le saint fondateur ne se rebute pas. Il a foi dans l'avenir; il résiste à tous les orages, ses efforts sont couronnés de succès. Et, comme première récompense, il voit le nom de Sainte-Croix s'étendre déjà au loin.

Mais, ce n'est pas assez encore pour ses saintes aspirations. La France ne lui suffit plus.

Semblable à un nouveau Pierre l'Ermite, moins belliqueux toutefois, le R. P. Moreau, avec sa foi d'apôtre, lance au-delà des mers, de hardis croisés, de pacifiques missionnaires.

Il évangélise l'Afrique, l'Asie, l'Amérique; *fama volat*, son nom est connu aux quatre coins du monde.

Des établissements se fondent dans ces contrées lointaines, y prospèrent et deviennent en peu de temps, pour la Maison-Mère, d'utiles et de précieux auxiliaires.

La Congrégation de Sainte-Croix n'est plus une œuvre locale et restreinte. Elle est une œuvre presque universelle. Elle comprend trois ordres différents, rattachés entre eux par des règles communes :

> Les Prêtres, sous le nom de *Salvatoristes;*
> Les Frères, sous le nom de *Josephites;*
> Les Sœurs, sous le nom de *Marianites.*

Tous trois concourent au même but : l'Instruction de la jeunesse, l'Évangélisation.

Le Collège, lui aussi, a prospéré en raison directe de la renommée du Fondateur. Il est complété par l'adjonction des classes de philosophie, de physique et de mathématiques supérieures. Il peut compter déjà au nombre des meilleurs collèges de l'Ouest.

Je ne crois mieux faire, mes chers amis, pour terminer l'histoire de cette première période, que de vous lire quelques lignes, écrites il y a fort longtemps, par M. Meslay, architecte à Paris, un ancien camarade de la première heure, qui, en franchissant, après de longues années, le seuil du pieux asile où il avait passé des jours de paix et de travail, sentit son cœur palpiter dans sa poitrine et des larmes rouler de ses yeux, lorsqu'il retrouva si magnifique, si grande, si prospère, cette chère maison après l'avoir connue si pauvre et si petite.

« S'il est vrai, comme on n'en peut douter, dit-il, que la contradiction
« soit le cachet des œuvres de Dieu, nulle plus que celle-ci, n'a été
« marquée de ce sceau divin. »

« Imaginez-vous un prêtre sans ressources pécuniaires, recevant seule-
« ment un terrain avec une modeste maison, y amenant des frères pauvres
« avec des prêtres qui n'ont que leur zèle pour fortune, voulant établir un
« petit pensionnat pour vivre en faisant le bien et rencontrant déjà, dans
« les administrations de l'époque, tout le mauvais vouloir possible, persé-
« cuté ensuite pendant plusieurs années par ces mêmes administrations,
« abandonné à ses propres forces par ses supérieurs ecclésiastiques qui
« craignaient de s'attirer des embarras, obligé de chercher des protecteurs
« parmi des hommes qui ne paraissaient pas faits pour l'être et trouvant
« enfin providentiellement des appuis dans de hauts dignitaires du gouver-
« nement qui le sauvaient par leur intervention en arrêtant les actes
« hostiles des fonctionnaires subalternes ; se voyant sans cesse ramené au
« bord du précipice par des incidents nouveaux et sortant, cependant,
« toujours après de longs jeûnes et de ferventes prières, des difficultés, en
« apparence les plus inextricables, réussissant enfin, après des années
« d'une indomptable persévérance, à dominer les antipathies et les vexa-
« tions, à rassurer ses amis et à s'en faire de nouveaux, à exciter la
« stupéfaction et l'admiration de toute une province qui voyait sous ses
« yeux surgir une communauté et un ordre religieux de ce creuset
« d'épreuves. »

Telle fut, mes chers camarades, l'éclosion et la jeunesse de cette belle œuvre de Sainte-Croix.

Nous voici à la deuxième période, de 1850 à 1860 ; celle des succès et du triomphe.

La plupart d'entre vous y ont assisté.

Le Collège est entièrement construit. Il est occupé par deux cents pensionnaires, de nombreux et distingués professeurs. Son renom est justifié, ses succès littéraires ne se comptent plus.

D'un autre côté, 63 établissements religieux d'éducation et autres rayonnent autour de la Maison-Mère ; 463 pères, frères et sœurs collaborent à l'œuvre.

Le R. P. Moreau ne peut suffire aux incessantes demandes de nouvelles fondations qui lui sont faites.

Il était nécessaire, cependant, à la Congrégation, d'avoir une maison dans la capitale de la France, centre de plus en plus universel des relations et des affaires.

Le supérieur comprend cette obligation. Il acquiert une pension aux Ternes, près du mur d'enceinte de Paris et il en donne la direction au R. P. Champeaux, l'un de ses meilleurs professeurs.

Ce Collège, auquel fut donné le même nom de Sainte-Croix, prit bientôt, lui aussi, une grande extension.

Et, sublime effet des vues de la Providence il devait plus tard être le le Port du Salut de l'œuvre.

Le grain, jeté timidement dans une terre arduc, il y a 15 à 20 ans, a été fécondé par les sueurs, la prière et le dévoucment d'infatigables travailleurs ; il a germé et vous le voyez, il s'est épanoui en gerbes fructueuses.

Les encouragements, les félicitations, abondent de toutes parts.

De nombreux évêques, des sommités littéraires et politiques, telles que MM. de Falloux, de Riancey, Lenormand, Laurentie, Poujoulat, Nettement, Veuillot, Bethmont, Miqueret, Pasquier, Langlais, les abbés Coquereau et Moigno, président tour à tour les séances académiques, les concerts, les distributions de prix.

Pas un prélat, pas un homme éminent, ne passe au Mans sans visiter le bon Supérieur, sans admirer son œuvre grandiose. Tous sont reçus avec éclat.

Il m'en souvient encore :

Tout à coup, au milieu d'une classe ou d'une étude, les trois cloches du bâtiment de l'horloge sont lancées à toute volée, la petite cloche du réglementaire carillonne à son tour. C'est le signal de l'arrivée d'un visiteur de marque et aussi l'appel des musiciens pour une aubade.

Avec quels cris de joie abandonnions-nous pupitres, livres et cahiers, pour courir à la salle de musique et venir se ranger en cercle près du grand parloir !

Une marche ronflante est attaquée. A peine finie, le bon Père Moreau apparaît, rayonnant et fier, suivi de son hôte. Tous deux félicitent les artistes ; et, comme souvenir, un jour de congé est accordé.

Inutile, n'est-ce pas, de vous dire quels vivats sont poussés et avec quelle force pulmonaire est attaqué un dernier pas redoublé plus ronflant encore.

Ah ! mes amis, il faut bien le reconnaître, le cher Supérieur, comme toute créature humaine ici-bas, avait tout au moins un petit travers. Il adorait le bruit, la grosse caisse, il aimait le décor, le mouvement, les réceptions.

Plusieurs d'entre vous n'ont pas oublié, j'en suis sûr, les fêtes mémorables qui accompagnèrent la consécration solennelle de la Chapelle, le 17 juin 1857.

Cette cérémonie coïncidait avec l'approbation donnée à Rome, par Sa Sainteté le Pape Pie IX, des règles de la Congrégation de Sainte-Croix.

Ce fut l'apogée du triomphe.

Une grandiose procession, suivie de dix archevêques et évêques, d'abbés mitrés, de prélats romains, des autorités civiles et militaires de la ville, se déroula de l'église de la Visitation à la Chapelle Conventuelle.

Le T. R. P. Moreau, au comble d'un bonheur si mérité, accompagne son éminence le cardinal Donnet, archevêque de Bordeaux.

Une foule immense, recueillie, se presse autour des portiques, des arcs-de-triomphe. Un soleil radieux miroite sur les bannières, sur les étendards, sur les châsses des saints drapés d'or et de soie, sur les mitres, sur les crosses des prélats, enrichies de pierres précieuses et cloisonnées d'émaux brillants.

Jamais, dans la bonne ville du Mans, ne se vit fête religieuse plus éclatante.

Réceptions, concerts, discours, se succèdent pendant huit jours. C'est un va et vient ininterrompu d'étrangers, de prêtres en soutanes blanches, de frères barbus accourus d'Afrique et du Bengale pour assister à ces splendeurs.

Les chroniques de l'époque racontèrent longuement ces fêtes et firent un éloge enthousiaste du T. R. P. Moreau.

L'une d'elles, en parlant de la construction de la Chapelle et des efforts inouïs qu'elle coûta, écrivait :

« Quatorze ans durant, à force de sacrifices personnels, de ténacité, de
« confiance en Dieu, après avoir été contraint de suspendre les travaux par
« défaut d'argent, après les avoir repris sans savoir s'il pourrait les conti-
« nuer six mois seulement, cet humble prêtre a marché sans relâche,
« mettant lui-même, quand il le fallait, la main à la pioche avec ses
« religieux, comme un simple manœuvre. »

Le R. P. Souaillard, enfant de Saint-Dominique, par ses gestes éloquents, par sa parole enflammée, avec son talent oratoire qui en faisait, à l'époque, un des maîtres incontestés de la chaire chrétienne, électrisa ses nombreux auditeurs.

Je retrace de son dernier discours prononcé au milieu de l'illustre assemblée, la sublime péroraison suivante :

« S'il est permis, s'écria-t-il, à l'humilité d'avoir ses jours de saint
« orgueil, la Congrégation de Notre-Dame de Sainte-Croix, a le droit d'être
« fière aujourd'hui et de lever la tête. Un prince de l'Église, des pontifes
« vénérés, d'illustres enfants de Saint-Benoît, lui apportent, dans une
« auguste cérémonie, avec les bénédictions du Ciel, le témoignage public
« de leur sollicitude, de leur paternelle sympathie. Toutes les vertus, tous
« les talents, toutes les gloires, se réunissent autour d'elle en ce moment,
« pour la consoler des épreuves du passé pour la récompenser du bien
« qu'elle a opéré dans les âmes, pour l'encourager dans ses modestes et
« nobles labeurs. »

Quels beaux éloges, mes chers amis, de notre vénéré Supérieur ! Comme nous étions heureux aussi de ces témoignages de sympathie apportés de tous côtés à l'établissement que nous aimions tous.

Est-il besoin de vous rappeler encore :

— Ces fêtes religieuses qui firent palpiter notre jeune cœur et où se donnait rendez-vous l'élite de la population mancelle.

La Chapelle, pourtant si vaste, ne pouvait contenir la foule accourue à ces solennités du culte. La Musique militaire, les chants de l'Orphéon, rivalisaient avec la pompe des cérémonies poussée au plus haut degré.

— Ces grandes promenades accordées presque chaque année à la fête du Supérieur.

Aucun élève n'en connaissait la date. Une sonnerie retentissante de clairons l'annonçait dès quatre heures du matin et nous réveillait en sursaut.

Le collège tout entier se rendait à la gare et débarquait dans quelque ville voisine où la journée se passait au milieu des vivats des habitants étonnés.

La Ferté-Bernard, Le Lude, Nogent-le-Rotrou, Alençon, Mettray, Laval, nous virent tour à tour défiler dans leurs murs.

— Ces promenades en musique à travers les plus belles rues du Mans.

Notre Société musicale passait alors, à juste titre, pour la meilleure de la cité. Elle était dirigée par M. Dupire, ancien chef de musique au 6e dragons, artiste de grand talent.

Avec quelle fierté nos professeurs conduisaient-ils la phalange entière, en grande tenue, quand, entrant sous les Quinconces des Jacobins, au milieu de la foule endimanchée, la fanfare attaquait le plus beau morceau de son répertoire !

— Et ces séances de gymnastique précédant la distribution des prix, les seules qui existassent alors dans le pays.

— Et les concerts, et les séances académiques, prouvant la supériorité de nos études et de leur intelligente direction au point de vue de la littérature, des sciences et des beaux-arts.

Tout le monde intellectuel les recherchait et venait en rehausser l'éclat.

Ah ! Pourquoi tant de gloire, tant de succès, n'eurent-ils que de courts lendemains ?

Cependant, tout semblait encore sourire à la fin de cette seconde période; rien ne laissait prévoir un fatal dénouement.

Quelques belles années suivent cette phase brillante et arrive la troisième période, de 1860 à 1869, celle du déclin et de la chute.

Le zèle, l'ardeur, la confiance du T. R. P. Moreau ne sont pourtant pas refroidis. A peine constate-t-on d'abord un peu de faiblesse due à l'âge et aux austérités.

Nul plus que lui, vous le savez, ne poussa plus loin les vertus monastiques, la simplicité, la frugalité de l'existence, les mortifications du corps.

Mais les déboires surviennent coup sur coup.

Un procès retentissant est perdu; des embarras financiers en sont la cruelle conséquence.

Ses nombreuses fondations n'ont pas toujours été calculées avec les moyens à sa disposition : *non omnia possumus omnes.*

Le vénérable Supérieur est un homme de bien, un homme de cœur, un homme d'action, il n'est pas homme de cabinet, homme de comptabilité surtout. Il possède au plus haut degré l'esprit de fondation, il lui manque l'esprit de suite et de méthode dans les affaires temporelles.

D'années en années, vous avez pu le voir, le Collège baisse peu à peu, les élèves sont moins nombreux, de grands vides se produisent, des classes sont supprimées ou affaiblies. Les professeurs sont trop facilement changés, les plus distingués d'entre eux ont été appelés à diriger d'autres établissements; l'enseignement, l'émulation, se ressentent de ces départs.

Une certaine tension commence à se produire.

Plusieurs religieux, dont l'ardeur chrétienne ne voit que la réussite et l'extension de l'œuvre, s'écartent du bon Père Moreau. D'autres le soutiennent quand même avec l'énergie de l'affection pour celui qui a élevé si haut l'édifice.

Le dénouement, la désagrégation, s'avancent à grands pas.

D'un autre côté, les créanciers affluent et exigent des garanties introuvables. Le cher Supérieur lutte encore, mais, on le voit, avec moins de confiance.

Sa démission de supérieur général est exigée. Il se soumet. Mgr Dufal, notre ancien professeur, évêque de Dacca, au Bengale, rappelé en France, le remplace. On espère un moment sur le prestige de la mitre : la tâche est trop lourde.

Dans l'intérêt de son Institut, l'ancien supérieur va défendre sa cause à Rome, auprès du Saint-Père. Il y obtient l'approbation apostolique de ses filles, les sœurs Marianites.

Rien ne peut arrêter le désastre.

Sainte-Croix est vendue et passe en des mains étrangères.

Le bon et cher Père Moreau, abattu par tant de revers, par tant d'épreuves cruelles, se retire alors dans la petite maison de la rue Notre-Dame, que vous connaissez et où vivaient ses deux vieilles et respectables sœurs.

De ce bel établissement, où il a dépensé toute sa fortune, toute son énergie surprenante, où se sont usées ses forces, il n'emporte que son calice et son bréviaire, donnant ainsi un dernier exemple d'humilité et de pauvreté.

Il reprend, quoique bien affaibli, ses travaux apostoliques dans le diocèse; puis, le 20 janvier 1873, il s'éteint doucement, presque ignoré, mais l'âme heureuse du devoir accompli, fier de sa mission achevée et toujours plein d'espoir dans l'avenir de son œuvre.

Cette belle œuvre, en effet, reprenait peu à près un nouvel essor et elle perpétuera sa mémoire d'âge en âge.

Quoi qu'il en soit des causes qui déterminèrent la chute, ce n'est point à nous de les juger. Nous, ses fils dévoués et reconnaissants, nous ne pouvons qu'admirer sans restriction la vie si noble, si féconde, l'abnégation, la charité inépuisable de cet humble prêtre, digne à tous égards de l'admiration et du respect de toute une contrée.

Telle est, mes chers camarades, l'historique que je tenais à vous faire de l'œuvre de Notre-Dame de Sainte-Croix du Mans et du vénérable Supérieur dont la douce, énergique et ascétique figure est certainement toujours présente à vos yeux.

Pouvais-je vraiment ne pas m'étendre un peu sur de si doux et de si regrettés souvenirs?

Laissez-moi vous dire aussi quelques mots sur nos anciens professeurs et sur la Congrégation de Sainte-Croix.

Parmi ceux qui suivirent le T. R. P. Moreau dans sa retraite figurent les R. P. Charles Moreau, Seguin, Dubourg, Lemarchand, Carrier, Chochon, Sauvayre, Tréhu, Lemarié et quelques autres.

La plupart rentrèrent dans le clergé séculier de leurs diocèses respectifs. Plusieurs y sont décédés; ceux qui survivent regrettent, sans doute, avec amertume, la décision qui a brisé leur carrière monastique.

Seul, le R. P. Ch. Moreau, neveu du digne Supérieur, ne voulut pas abandonner le voisinage de son bien-aimé Sainte-Croix. Il habite rue de la Prêche, tout près de la maison où se passèrent les plus belles années de sa vie et où il partagea avec son oncle tant de triomphes.

Ceux d'entre vous qui habitent Le Mans peuvent de temps à autre apercevoir sa blanche silhouette raser les murs de la ville, le corps penché de côté comme un chêne à demi déraciné.

Sa vive et haute intelligence n'a pas faibli, mais il semble toujours absorbé par quelque problème ardu ou par des souvenirs trop amers.

Si on s'avance vers lui, sa figure se transforme et s'illumine. Il vous a reconnu de suite et on voit qu'un souvenir heureux du vieux temps l'anime violemment tant il met d'empressement à s'enquérir de votre situation, de votre famille et des anciens élèves que vous pouvez revoir.

Justus et tenax, il a gardé au cœur la mémoire des beaux jours, la mémoire impérissable du passé.

Tel vous avez connu notre ancien Directeur des études, ce savant, ce lettré modeste, tel vous le revoyez aujourd'hui.

Quant à l'œuvre de Sainte-Croix, grâce aux sommes importantes qu'elle reçut des fondations florissantes faites en Amérique par le T. R. P. Moreau, elle se releva vite de ses ruines et la nouvelle Maison-Mère s'établit à Neuilly-sur-Seine, dans le collège dont je vous ai parlé déjà.

Elle est maintenant plus prospère que jamais.

Si, de passage à Paris, vous dirigez vos pas par le faubourg Saint-Honoré et l'avenue des Ternes, dès que les fortifications sont franchies, de vastes constructions, surmontées d'une Vierge étincelante frappent de suite vos regards.

C'est là, à l'extrémité de la zone militaire, qu'au milieu de la verdure et des jardins s'élève la Maison-Mère qui remplace Sainte-Croix du Mans.

Plus de 700 élèves en fréquentent le collège ; un établissement annexe a dû être fondé, il y a quelques années, non loin dans la commune du Vésinet.

L'institution est une des meilleures de Paris. Comme à Sainte-Croix du Mans il y existe une académie et les beaux-arts y sont en grande faveur.

N'hésitez pas, frappez à cette porte hospitalière et demandez le cher frère Marie-Auguste. Vous serez charmé du bonheur et de l'amabilité avec laquelle il vous recevra et vous fera les honneurs du bel établissement dont il est si fier mais qui ne peut lui faire mettre en oubli son bon vieux Sainte-Croix du Mans où se sont passés ses premiers ans et où s'est dessinée sa vocation.

Vous y rencontrerez aussi le bon frère Damase qui, dans l'école du jeune âge, dirigea les premiers pas de beaucoup d'entre nous.

Sa figure a conservé l'empreinte juvénile de l'adolescence dont il est encore chargé à Neuilly.

Sainte-Croix possède, en outre, dans un des plus beaux quartiers d'Angers, près des bords de la Maine, au lieu de Montéclair, une grande propriété où, dans des constructions splendides, sont installés un noviciat et une maison de retraite.

Là réside souvent le R. P. Lemarié, notre ancien camarade de la belle période, devenu notre professeur à la fin de ses études et qui, après avoir suivi le T. R. P. Moreau dans sa retraite, rentra, à la mort de ce dernier, dans la Congrégation. Il y remplit aujourd'hui, avec talent et distinction, l'importante fonction de Provincial de France.

A Montéclair habite le Cher Frère Grégorie si connu de nous tous, dont l'activité ne fut jamais dépassée. Bien vieilli, bien cassé, il finit en paix dans cette sainte demeure, au milieu des fleurs qu'il cultive avec un goût éclairé et en se livrant à l'élevage méthodique des abeilles, une vie modeste et bien remplie.

Jusqu'à son dernier jour, il se rendra utile à l'œuvre où, des premiers, il collabora avec un dévouement que ne purent ralentir ni les épreuves, ni les fatigues.

Pardonnez-moi, mes chers camardades, ce trop long récit, ces notes un peu décousues ; je ne suis ni orateur, ni homme de lettre : c'est *abundantia cordis et currente calamo* que je les ai préparés.

Je les ai crues nécessaires pour le complément de notre belle soirée, j'ai pensé qu'elles vous seraient agréables. Voilà mon excuse.

Au souvenir évoqué de tous ces faits de notre jeunesse commune, à votre doux contact je me suis senti rajeuni, moi qui déjà ai parcouru plus d'un demi-siècle, ce vers d'un de nos grands poètes, Victor Hugo, m'est revenu à l'esprit :

> Mes souvenirs germaient en mon âme échauffée

et j'ai laissé déborder mon cœur.

N'était-ce pas, d'ailleurs, le moment opportun, la vraie circonstance ou jamais, de faire revivre devant vous, ces belles figures de notre enfance, ces Pères et ces Frères dévoués qui nous affectionnaient tant et auxquels il était bon et juste de rendre un dernier et légitime hommage ?

Puissent mes paroles, en vous rappelant cette époque heureuse de votre vie passée, sans soucis ni tracas, à l'ombre d'une maison chérie, avoir fait vibrer aussi votre cœur et y laisser une douce et salutaire impression !

Des applaudissements unanimes et prolongés couvrent cette péroraison. M. Delabrousse est félicité chaudement des termes avec lesquels il a su faire renaître le passé au cœur des convives, des souvenirs qu'il a évoqués si simplement.

M. le docteur DROUIN se lève :

Chers camarades, dit-il, permettez-moi de porter un toast spécial aux organisateurs de cette réunion.

Nous devons nos plus sincères remerciements aux bons camarades qui ont eu l'excellente pensée de procurer aux anciens élèves de Sainte-Croix l'occasion de se réunir pour causer des jeunes années passées ensemble au collège.

C'est un temps qui ne peut s'oublier pas plus que cette belle réunion ne disparaîtra de longtemps de notre mémoire.

Merci, Messieurs, pour cette charmante soirée.

A Messieurs Delabrousse et Defas.

Des bravos d'assentiment accueillent la petite allocution du docteur Drouin.

M. Marie BOULEAU annonce aux amis qu'à l'occasion de ce premier rendez-vous il a fait tirer un certain nombre d'exemplaires d'un petit résumé de la vie, avec le portrait, du T. R. P. Moreau, son grand-oncle.

Il remet un exemplaire à chacun des convives. Ceux-ci, touchés de sa délicate intention adressent à M. Bouleau l'expression de leur plus vive reconnaissance.

Sous l'heureuse impression de tous ces souvenirs les conversations reprennent de plus belle. Un flot montant d'anecdotes particulières, d'épisodes intimes croît d'instants en instants. On s'interpelle de tous côtés; chacun tient à raconter son petit souvenir. L'un rappelle des mots heureux, des incidents oubliés, l'autre cite des faits touchants, des événements comiques et burlesques.

Puis, sous des fourches caudines, toutes pacifiques et bienveillantes, passent les figures de la plupart des anciens professeurs :

L'élégant Père Arnette, ancien sous-officier de cavalerie, professeur de philosophie, préfet de discipline, maître de gymnastique et d'équitation.

La belle prestance et la superbe voix de basse taille du P. Séguin.

L'éloquent P. Carrier.

Le sévère P. Lemarchand, préfet de discipline.

L'irascible P. Sauvayre.

Le pacifique P. Regnault, professeur de philosophie.

Le bon et joyeux P. Prudhomme.

L'ascétique P. Lecointe.

Les modestes PP. Chauvel, Dubourg, Mobèche, etc., etc.

L'original M. Dugas, professeur de rhétorique, dont les comptes rendus mensuels si humoristiques étaient attendus avec impatience.

Les bons et chers frères ne sont pas oubliés.

Le F. Alexandre, garde-chiourme.

Le F. Basilide, exécuteur des hautes-œuvres.

L'onctueux F. Faustin, portier.

Le nazillard, F. Norbert.

Le F. Amédée, infirmier.

Les frères Patrice, Césaire, Philémon, etc., etc.

Au milieu de tous ces récits, de ces souvenirs intéressants le temps s'écoule vite, on oublie l'heure avancée. Minuit approche, plusieurs camarades doivent prendre le train. A regret il faut songer à la séparation.

Mais, avant de se quitter, les décisions suivantes sont arrêtées :

Un compte rendu complet de la réunion sera rédigé et imprimé à un grand nombre d'exemplaires.

Un de ces exemplaires devra être adressé à tous les anciens élèves de Sainte-Croix dont la résidence sera connue.

Une semblable réunion aura lieu l'année prochaine 1898, au même *Grand-Hôtel de la Boule-d'Or,* le jeudi de la Mi-Carême.

Dès le mois de janvier une nouvelle lettre d'invitation sera envoyée aux camarades pour leur rappeler le jour fixé.

Enfin une délégation des amis présents se rendra demain auprès du R. P. Ch. Moreau afin de lui présenter les hommages et les souvenirs respectueux des convives.

Ainsi s'achève cette belle et intime soirée.

Commencée par des épanchements qu'une longue séparation a fait renaître sans efforts, sous les auspices heureux des souvenirs adressés de loin par de vieux et chers camarades, elle finit par des décisions non moins heureuses prises à l'unanimité, et par des serments affectueux de se retrouver tous au rendez-vous de l'année prochaine.

Ne prouve-t-elle pas, enfin, qu'en ces jours d'oubli, de doute et d'égoïsme, la vieille foi des premiers ans, l'amitié de la jeunesse survivent encore, non seulement dans la mémoire, mais aussi dans le cœur des anciens élèves de Sainte-Croix?

Scribitur ad narrandum.

Le Mans, 25 mars 1897.

Le Mans — Imp. Ch. BLANCHET, 6, rue Gambetta — 7461.

www.ingramcontent.com/pod-product-compliance
Lightning Source LLC
Chambersburg PA
CBHW050730070726
47597CB00009B/3864